まちごとチャイナ

Zhejiang 002 Hangzhou
はじめての杭州

美しき「西湖」のほとりへ

Asia City Guide Production

【白地図】杭州と長江デルタ

CHINA
浙江省

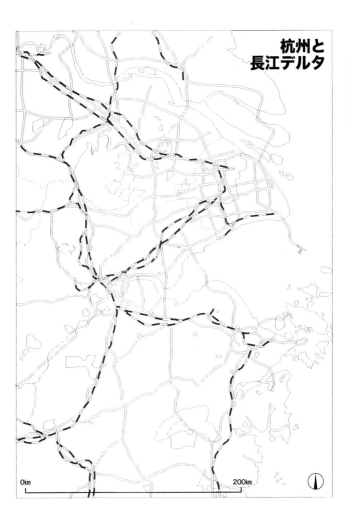

杭州と長江デルタ

Hangzhou 白地図

【白地図】杭州

CHINA
浙江省

杭州

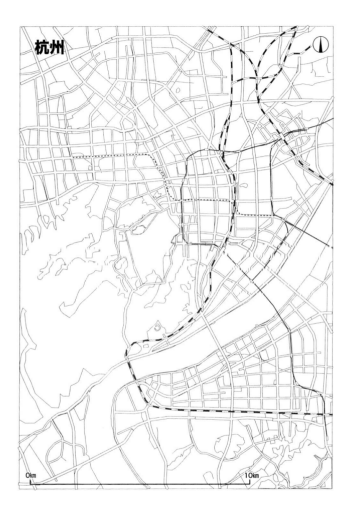

Hangzhou

白地図

【白地図】西湖

浙江省

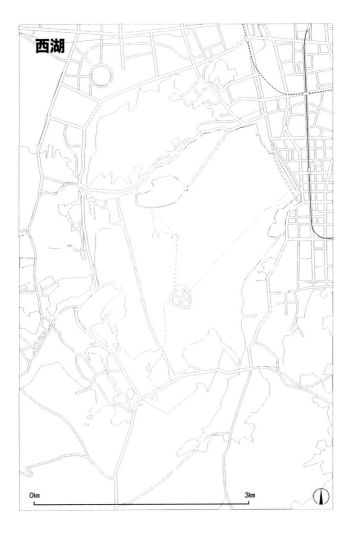

【白地図】孤山

CHINA
浙江省

孤山

Hangzhou 白地図

【白地図】龍井

CHINA
浙江省

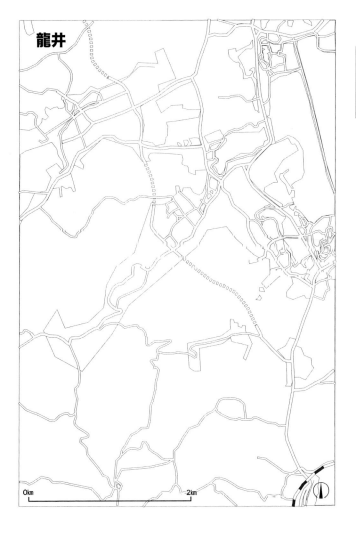

【白地図】杭州旧城

CHINA
浙江省

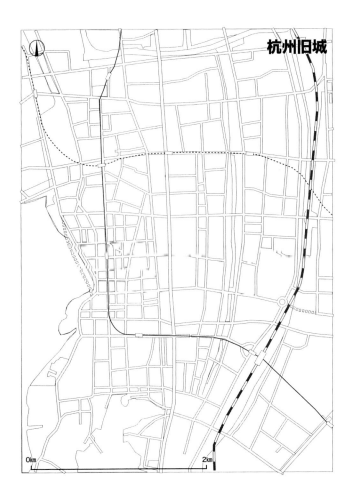

【白地図】河坊街

CHINA
浙江省

河坊街

Hangzhou | 白地図

【白地図】銭塘江

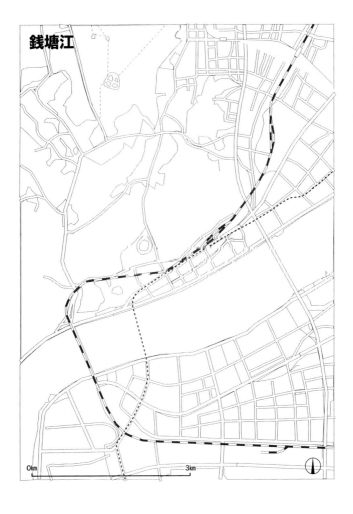

【白地図】銭江新城

CHINA
浙江省

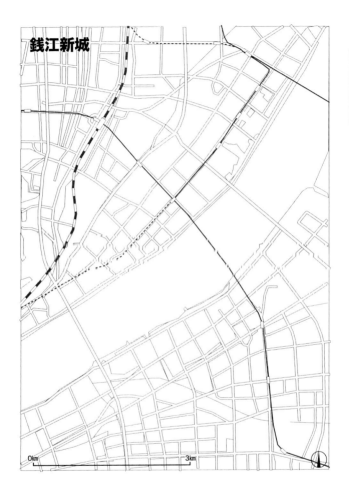

【まちごとチャイナ】

浙江省 001 はじめての浙江省

浙江省 002 はじめての杭州

浙江省 003 西湖と山林杭州

浙江省 004 杭州旧城と開発区

浙江省 005 紹興

浙江省 006 はじめての寧波

浙江省 007 寧波旧城

浙江省 008 寧波郊外と開発区

浙江省 009 普陀山

浙江省 010 天台山

浙江省 011 温州

CHINA
浙江省

仙境のように浮かぶ島、湖面を横切る白堤と蘇堤、柳や桃などの樹木。唐代以来、文人たちの詩や書画に描かれてきた杭州西湖は、中国屈指の景勝地にあげられる。この西湖と杭州旧城が双子のように隣りあわせ、杭州は自然と都市がひとつになった「山水都市」という性格をもつ。

610年、隋煬帝の命で開削された京杭大運河の南の起点になったことで、杭州の発展ははじまった。米や茶、塩、絹といった江南の物資が杭州に集まり、呉越国(907〜978年)と南宋(1127〜1279年)時代には王朝の都がこの地におかれて

Hang Zhou
はじめての杭州
杭州 Hángzhōu ハァンヂョウ

空前の繁栄を見せた（政治と経済の中心地が杭州であわさった）。

　以来、杭州は元明清時代を通じて浙江の首府となり、蘇州とともに江南を代表する豊かな都と羨望のまなざしで見られてきた。現在は浙江省の政治・経済・文化の中心地で、西湖や銭塘江、龍井茶を育む丘陵地帯など、中国でも最高の自然環境のよさ、生活水準の高さで注目されている。

【まちごとチャイナ】
浙江省002 はじめての杭州

目次

はじめての杭州 …………………………………………… xx

山水隣りあわせる浙江省都 …………………………… xxvi

西湖鑑賞案内 ………………………………………… xxxvi

西湖郊外鑑賞案内 ………………………………………… lx

中国最上衣食住秀麗杭州 ……………………………… lxvi

杭州旧城城市案内 ……………………………………… lxxi

杭州郊外城市案内 …………………………………… lxxxiii

城市のうつりかわり …………………………………… xciii

【MEMO】

【地図】杭州と長江デルタ

CHINA
浙江省

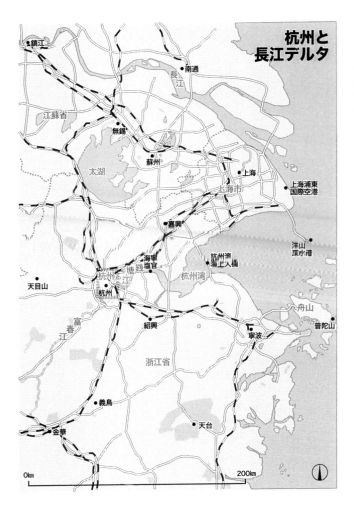

杭州と長江デルタ

Hangzhou はじめての杭州

山水隣り
あわせる
浙江省都

CHINA
浙江省

銭塘江の河口岸辺にひらけた杭州
街の西にあることから名づけられた
西湖を擁する美しい古都

海・川・山の集まる浙江省省都

浙江省という省名は、杭州ほとりを流れる銭塘江の古名（浙江）に由来し、東海に続くこの地には鎌倉時代の仏教僧が訪れるなど、日本と深い関わりをもつ。風光明媚な西湖、西湖郊外の丘陵地に広がる「中国最高峰の緑茶」龍井茶の茶畑、五山十刹の一角をしめる霊隠寺の立つ飛来峰といった豊かな自然に囲まれている。こうした環境のよさから、中国企業や外資系企業が多く杭州に進出し、現在は郊外に開発区がつくられて街は拡大を続けている。また大きく見れば、上海を頂点とし、杭州、嘉興といった浙江省北部、蘇州、無錫などの

Hangzhou 山水隣りあわせる浙江省都

江蘇省東部を両辺とする、中国でもっとも先進的で、経済力の高い長江デルタ地帯に位置する。

地上の楽園

隋唐（6〜10世紀）以来、「政治の中心」華北に対して、江南が「経済の中心地」となっていた。江南は中国有数の穀倉地帯となり、生活必需品の米や塩、茶、絹、くわえて海からの物産品も集まった（杭州を南の起点とする京杭大運河はこうした物資を華北に運ぶために開削された）。「江浙実れば天下足る」「天に天堂、地に蘇州と杭州あり」といった言葉は、

▲左　南宋時代を彷彿とさせる河坊街。　▲右　西湖は地上の楽園にたとえられてきた

江南の経済力を背景にした杭州と蘇州をたたえたものだった。13世紀、杭州を訪れたマルコ・ポーロは当時、世界最大の人口150万人をほこった杭州の繁栄に驚き、「壮麗無比な大都会」と記している。

八大古都と二度の首都

1842年、上海が開港して「中国最大の都市」に発展する以前は、杭州と蘇州が政治、経済、文化のうえで江南を代表する都市だった。町人、商人文化の栄えた蘇州に対して、杭州は呉越国（907〜978年）と南宋（1127〜1279年）という

【MEMO】

Hangzhou 山水隣りあわせる浙江省都

CHINA
浙江省

王朝の都となった経緯をもつ。呉越国の杭州では湿地帯の広がるこの地で水路や農地、港、仏教寺院が整備され、南宋の杭州では書画や陶磁器、印刷出版、海外交易などを背景に中国史に名だたる繁栄を見せた。この杭州は2200年という歴史を有するものの、歴史的に台頭したのは隋代（610年）に大運河が開削されてからのことで、西安、洛陽、南京、北京、開封、安陽、鄭州とならぶ中国八大古都の一角をしめる。

Hangzhou

山水隣りあわせる浙江省都

▲左　長い江南仏教の伝統が続くという一面ももつ。　▲右　杭州郊外の開発区には巨大建築が次々立つ

杭州の構成

5世紀以来、杭州は「街のすぐ外側に大きな湖（西側の西湖）と河川（東側の銭塘江）がある」地形上の制約のなか発展してきた。市街南には、呉山、鳳凰山、玉皇山といった丘陵地帯が続き、歴代王朝の宮廷はこの地におかれ、そこから街区が北に伸びていた。杭州の都市形態は北京や西安などの中国の伝統的な都市とは大きく異なり、かつては地形にそって城壁が走り、街の縦横に水路がめぐらされていた。20世紀末から21世紀初頭にかけて中国沿岸部が高度経済成長を見せはじめると、手ぜまになった杭州旧城の郊外に新市街がつく

CHINA
浙江省

られた。西湖北側の黄龍、銭塘江に面した銭江新区、銭塘江をはさんで対岸の蕭山側、銭塘江下流の下沙など、杭州は巨大な規模に広がっている。

【地図】杭州

【地図】杭州の [★★★]
- ☐ 西湖 西湖シイフウ
- ☐ 岳王廟 岳王庙ユエワンミィャオ
- ☐ 龍井 [西湖新十景] 龙井ロンジン
- ☐ 河坊街（清河坊）河坊街ハァファンジエ

【地図】杭州の [★★☆]
- ☐ 孤山 [西湖十景] 孤山グウシャン
- ☐ 雷峰塔 [西湖十景] 雷峰塔レイフォンタア
- ☐ 霊隠寺 灵隐寺リンインスウ
- ☐ 六和塔 六和塔リィウハァタア

【地図】杭州の [★☆☆]
- ☐ 京杭大運河 京杭大运河ジンハァンダアユンハァ
- ☐ 銭塘江 钱塘江チィエンタンジィアン
- ☐ 宋城 宋城ソォンチャン
- ☐ 銭江新城 钱江新城チィエンジィアンシンチャン

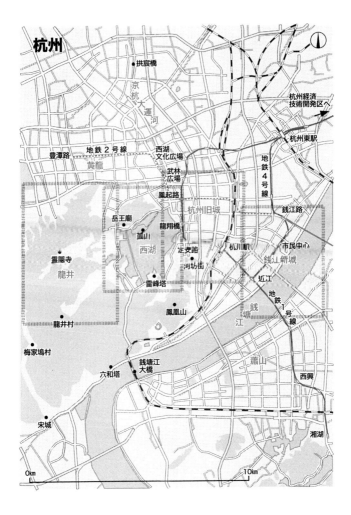

Hangzhou　山水隣りあわせる浙江省都

Guide,
Xi Hu

西湖
鑑賞案内

CHINA
浙江省

古くは銭塘江とつながっていたが
やがて切り離されて淡水湖となった西湖
杭州のほこる風光明媚な湖

西湖 西湖 xī hú シイフウ ［★★★］

杭州市街の西側に位置することから、名づけられた西湖。杭州に赴任した唐代の官吏白居易（772～846年）や北宋の蘇東坡（1036～1101年）によって治水、造景が繰り返され、自然と人の手があわさった庭園美を見せる。白居易や蘇東坡などの文人は西湖の景観を書画にしたため、中国四大美女のひとり西施にたとえられる風光明媚が知られるようになった。中国では、各地に西湖と名づけられた湖があり、北京の頤和園や江戸時代の日本庭園（西湖堤）にも影響をあたえている。南北3.2km、東西2.8km、15kmになる周囲には雷峰塔や

保俶塔、岳王廟などが点在し、南宋の文人たちは船を浮かべ、蓮の葉にそそいだ酒を飲みながら西湖を愛でたという。

西湖十景

1、**蘇堤春暁** 苏堤春晓（蘇堤で見る春景色）

2、**平湖秋月** 平湖秋月（湖面に映る秋の月）

3、**花港観魚** 花港观鱼（金魚池や花壇の様子）

4、**柳浪聞鶯** 柳浪闻莺（柳並木で聞く鶯の鳴き声）

5、**双峰挿雲** 双峰插云（ふたつの峰にたなびく雲の様子）

6、**三潭印月** 三潭印月（石灯籠と月光が湖面に映る様子）

【MEMO】

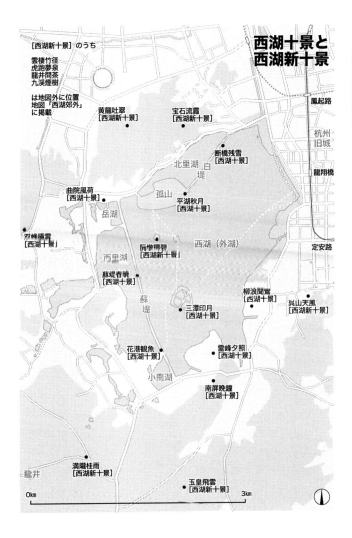

CHINA
浙江省

7、雷峰夕照 雷峰夕照（雷峰塔の夕景）

8、南屛晩鐘 南屛晩钟（夕刻に鳴る浄慈寺の鐘）

9、曲院風荷 曲院风荷（蓮の花の香りただよう酒屋）

10、断橋残雪 断桥残雪（外湖と北里湖を結ぶ断橋に残る雪）

西湖新十景

1、雲棲竹径 云栖竹径（五雲山の竹林）

2、満隴桂雨 满陇桂雨（満隴村に降るキンモクセイの雨）

3、虎跑夢泉 虎跑梦泉（虎跑泉に湧く清浄な水）

4、竜井問茶 龙井问茶（龍井で飲む茶）

5、九渓煙樹 九溪烟树（霧の森を蛇行する9つの渓）

6、呉山天風 吴山天风（呉山に吹く天からの風）

7、阮墩環碧 阮墩环碧（西湖に浮かぶ阮墩島の緑）

8、黄竜吐翠 黄龙吐翠（緑に包まれた黄竜洞）

9、玉皇飛雲 玉皇飞云（玉皇山に流れる雲）

10、宝石流霞 宝石流霞（朝夕の太陽が染めあげる宝石山）

CHINA
浙江省

白堤 [西湖十景] 白堤 bái dī バイディイ [★★☆]

唐代の文人官吏の白居易（772 〜 846 年）の名前を冠した白堤。白居易は「未だ杭州を抛ち得て去るを能わず、一半の勾留は是れ此の湖」（『春題湖上』）と詠うなど、官吏として赴任した時代に多くの詩を残している。西湖に堤防を築いて周囲の農地を灌漑したほか、白居易は太湖石の美を発見し、のちの中国庭園に大きな影響をあたえた（この白居易の堤防は白堤とは異なるもので、現在の白堤は唐代以来の白沙堤に由来する）。白堤の東端にかかる断橋は『白蛇伝』の舞台となったところで、西湖十景のひとつ「断橋残雪」に選ばれている。

▲左 左側に見える断橋とそこから孤山に続く白堤。　▲右 西湖の中心に浮かぶ島々は仙境と重ねられてきた

保俶塔 [西湖新十景] 保俶塔
bǎo chù tǎ バオチュウタア [★☆☆]

西湖北側の宝石山にそびえる保俶塔。呉越国（907〜978年）時代末期に建てられ、宋の都開封におもむく呉越王銭弘俶の無事の帰国を祈って「銭弘俶を保する塔」と名づけられた。呉越国特有の、細く女性的な七層レンガのたたずまいを見せ、この塔の光景「宝石流霞」は西湖新十景となっている。

【地図】西湖

【地図】西湖の ［★★★］
- [ ] 西湖 西湖シイフウ
- [ ] 岳王廟 岳王庙ユエワンミィャオ
- [ ] 龍井 ［西湖新十景］龙井ロンジン
- [ ] 河坊街（清河坊）河坊街ハァファンジエ

【地図】西湖の ［★★☆］
- [ ] 白堤 ［西湖十景］白堤バイディイ
- [ ] 孤山 ［西湖十景］孤山グウシャン
- [ ] 浙江省博物館 浙江博物馆 チャアジィアンボオウゥグゥアン
- [ ] 雷峰塔 ［西湖十景］雷峰塔レイフォンタア

【地図】西湖の ［★☆☆］
- [ ] 保俶塔 ［西湖新十景］保俶塔バオチュウタア
- [ ] 杭州黄龍洞円縁民俗園 ［西湖新十景］黄龙洞圆缘民俗园 フゥアンロンドンユゥエンユゥエンミンスウユゥエン
- [ ] 蘇堤 ［西湖十景］苏堤スウディイ
- [ ] 三潭印月 ［西湖十景］三潭印月サンタンインユエ
- [ ] 中国茶葉博物館 中国茶叶博物馆 チョングゥオチャアイエボオウゥグゥアン
- [ ] 西湖天地 西湖天地シイフウティエンディイ

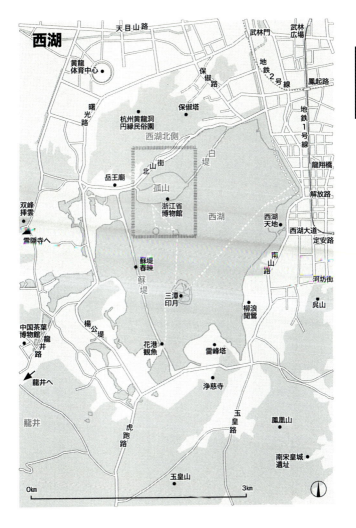

CHINA
浙江省

杭州黄龍洞円縁民俗園 ［西湖新十景］黄龙洞圆缘民俗园
huáng lóng dòng yuán yuán mín sú yuán
フゥアンロンドンユゥエンユゥエンミンスウユゥエン［★☆☆］

杭州黄龍洞円縁民俗園は、古くから道教聖地のあった黄龍洞一帯に整備されたテーマパーク。「縁結びの神」月下老人をまつるなど、「恋愛」と「縁」を主題に、江南の伝統建築や衣装、女性の演じる越劇などが見られる。

孤山 [西湖十景] 孤山 gū shān グウシャン [★★☆]

孤山は西湖に浮かぶ仙境の島として知られ、現在は白堤で湖岸と結ばれている。白居易や蘇東坡、林和靖といった杭州ゆかりの文人に愛された地で、白居易と蘇東坡をまつる白蘇二公祠や林和靖が隠居したという放鶴亭が立つ。また西湖にのぞむ孤山南側の中山公園は、清朝皇帝の行宮がおかれるなど、その風光明媚さで知られてきた。西湖十景のひとつ「平湖秋月」、『四庫全書』をおさめた文瀾閣、清朝時代の1848年に創業した杭州料理の老舗楼外楼も位置する。

【地図】孤山

【地図】孤山の [★★★]
- ☐ 西湖 西湖シイフウ

【地図】孤山の [★★☆]
- ☐ 孤山 [西湖十景] 孤山グウシャン
- ☐ 浙江省博物館 浙江博物馆 チャアジィアンボオウウグゥアン
- ☐ 白堤 [西湖十景] 白堤バイディイ

【地図】孤山の [★☆☆]
- ☐ 西泠印社 西泠印社シィリンインシャア

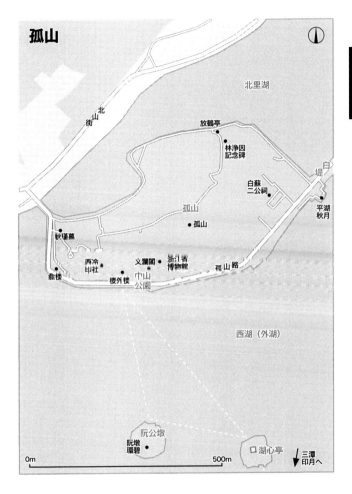

CHINA
浙江省

浙江省博物館 浙江博物馆 zhè jiāng bó wù guǎn
チャアジィアンボオウウグゥアン ［★★☆］

浙江省博物館は1929年に開館した歴史をもち、杭州や浙江省にまつわる展示品がならぶ。それらは「越地長歌」「銭江潮」「意匠生輝」「青瓷擷英」といったテーマごとに整理され、河姆渡遺跡や良渚遺跡から出土した土器や玉器、呉越国の経典、南宋の陶磁器、書画など見どころは多い。山水画や陶磁器は南宋（1127〜1279年）時代の杭州で洗練された中国芸術の代表格となっている。

▲左 充実した品を収蔵する浙江省博物館。　▲右 中国文人たちが集った西泠印社

西冷印社 西泠印社
xī líng yìn shè シィリンインシャア ［★☆☆］

西冷印社は印章や篆刻の保存、研究を目的に設立された学術集団。呉昌碩（1844〜1927年）を中心に中国文人たちが集まり、文人たちのサロンとなっていた。象牙、犀角、水晶、瑪瑙といった数々の印材に篆書の漢字が刻まれた篆刻を保存する。

CHINA
浙江省

岳王廟 岳王庙 yuè wáng miào ユエワンミィャオ ［★★★］
華北を異民族の金に占領されるなか、最後まで徹底抗戦をとなえた南宋の忠臣岳飛（1103～1141年）をまつった岳王廟。岳王廟には、岳飛の位牌、高さ4.5mの巨大な岳飛像、「還我河山（山河を我に返せ）」の額が見える（岳飛の軍は金軍を蹴散らし、開封にせまったが、岳飛は和平をさぐる宰相秦檜の命で殺害された）。また西側の墓域には、土饅頭型の岳飛墓とともに、金と講話を結び、「漢奸（売国奴）」と蔑まれる宰相秦檜の跪像が見える。岳飛は中国の民族的英雄とされ、中国が他国から侵略を受けるたびに岳飛の話がもち出された

Hangzhou 西湖鑑賞案内

▲左 中国民衆から英雄と見られている岳飛の廟。 ▲右 蔑まれる秦檜、しかしその外交手腕は高く評価されている

ほか、演劇を通じて広く中国民衆に親しまれてきた。

宋の南遷と杭州

唐から五代十国をへて、文人中心の王朝を築いた宋。開封を都とした時代を北宋（960～1127年）、杭州を都とした時代を南宋（1127～1279年）という。1127年の靖康の変で、華北は金に占領され、徽宗や欽宗は北方へ連れ去られた。南遷した宋は揚州、杭州、紹興などを転々とし、南京と迷ったうえで杭州に「臨安（皇帝が仮に暮らす行在所）」をおいた。岳飛が牢獄で殺害された翌年の1142年、金と南宋のあ

CHINA
浙江省

いだで「淮水を両国の境とする」「宋は金に臣下の礼をとる」「銀25万両、絹25万匹を毎年、金に貢納する」という和議が結ばれた。この和議によって、南宋は元に滅ぼされるまで、150年のあいだ繁栄を続けることになった。

蘇堤 [西湖十景] 苏堤 sū dī スウディイ [★☆☆]

西湖を南北に走る蘇堤は、北宋の官吏蘇東坡(1036〜1101年)が西湖の泥を浚渫して整備したもの。蘇東坡は『論語』『易経』に通じた文人で、「西湖をもって西子に比せんと欲すれば、淡粧濃抹総て相宜し」と西湖の美しさを中国四大美女の

【MEMO】

CHINA
浙江省

西施にたとえている(また豚の角煮「東坡肉」を発明した)。全長2.8kmで6つの橋がかかり、その堤には美しい春景色「蘇堤春暁」、鯉や金魚を愛でる「花港観魚」といった西湖十景が位置する。また蘇堤の北側、岳王廟前では音楽や光を駆使した現代劇の「印象西湖」が演じられている。

三潭印月 [西湖十景] 三潭印月 [★☆☆]

西湖に浮かぶ「三潭印月(小瀛洲)」、阮公墩、湖心亭は、不老不死の薬がある瀛洲、方丈、蓬莱(三神山)に重ねて見られる。なかでも三潭印月(小瀛洲)は、島のなかに「田」の

▲左 西湖に浮かぶ三潭印月が見え、そして奥には蘇堤が走る。　▲右 「雷峰夕照」は西湖十景のひとつ、雷峰塔にて

字型の「湖中の湖」がある水上庭園で、西湖の象徴にもあげられる。この島の南の湖面に浮かぶ3つの石灯籠「三潭印月」は西湖十景に指定され、月明かりが火を湖面に映す様子をさす（蘇東坡がおいたことにさかのぼるという）。

雷峰塔 ［西湖十景］雷峰塔
léi fēng tǎ レイフォンタア ［★★☆］

西湖の南側にそびえる高さ72mの雷峰塔。北側の保俶塔と相対し、保俶塔は女性に、雷峰塔は男性に見立てられる。呉越国の975年、銭弘俶によって建てられたのをはじまりとし、

CHINA
浙江省

西湖景観を彩ってきたが、1924年に倒壊してしまった。現在の雷峰塔は2002年に再建されたもので、創建当時の姿とは大きく異なる。この雷峰塔は『白蛇伝』ゆかりの場所でもあり、人間の姿になって青年許宣に近づいた蛇の精が法海の法力で正体を暴かれ、封印された場所だという。中国の民間伝承『白蛇伝』は日本にも伝わり、上田秋成『雨月物語（蛇性の婬)』のもととなった。またこの雷峰塔の地下から、石経、銅鏡や玉などが出土している。

Guide, Xi Hu Jiao Qu
西湖郊外鑑賞案内

CHINA
浙江省

西湖のほとりから続く丘陵地帯
4世紀に創建された古刹霊隠寺
龍井茶のふるさと龍井が位置する

霊隠寺 灵隐寺 líng yǐn sì リンインスウ ［★★☆］

飛来峰麓に位置する霊隠寺は、326年に創建された中国仏教の名刹。寺名はこの寺院を開いたインドの仏僧慧理が飛来峰を見て、「(インドの) 霊鷲山に似ている」と述べたことに由来する。呉越、唐宋、明清時代を通じて知られてきたが、とくに杭州に都のあった南宋時代、五山十刹の第2位をしめる格式をほこった。天王殿、大雄宝殿、薬師殿という伝統的な伽藍が展開するほか、寺院の南側に飛来峰石窟が残り、太鼓腹を見せる南宋時代の布袋弥勒像は傑作にあげられる。大きな布袋をもつ弥勒菩薩の化身「布袋和尚」は、七福神のひと

▲左　見事な太鼓腹の布袋和尚。　▲右　霊隠寺は４世紀に創建されたとかのぼる

りとして日本にも伝わっている。

中国茶葉博物館 中国茶叶博物馆
zhōng guó chá yè bó wù guǎn
チョングゥオチャアイエボオウゥグゥアン［★☆☆］

中国茶葉博物館は、中国でもめずらしい「茶」にまつわる博物館。茶の歴史を展示する「茶史庁」、緑茶、紅茶、烏龍茶など製法の違うお茶を展示する「茶萃庁」、茶器を展示する「茶具庁」かなる。『茶経』を記して茶を体系化した唐代の陸羽像が立つ。

【地図】龍井

【地図】龍井の [★★★]
- ☐ 西湖 西湖シイフウ
- ☐ 岳王廟 岳王庙ユエワンミィャオ
- ☐ 龍井 [西湖新十景] 龙井ロンジン

【地図】龍井の [★★☆]
- ☐ 霊隠寺 灵隐寺リンインスウ

【地図】龍井の [★☆☆]
- ☐ 蘇堤 [西湖十景] 苏堤スウディイ
- ☐ 中国茶葉博物館 中国茶叶博物馆
  チョングゥオチャアイエボオウゥグゥアン

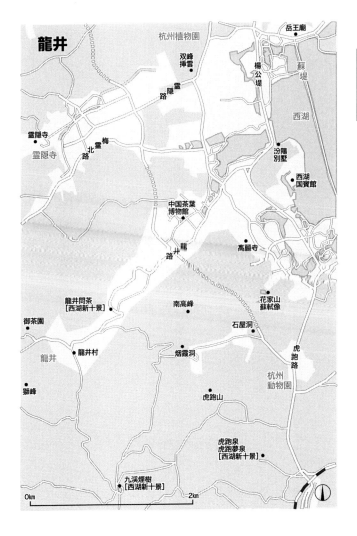

▲左　透明なグラスに茶葉をそそぐ。　▲右　この傾斜地が品質の高い龍井茶を育んだ

龍井［西湖新十景］龙井 lóng jǐng ロンジン［★★★］

龍井は、中国最高峰の緑茶「龍井茶」の産地。龍井という名前は、龍が棲み、決して枯れないという井戸に由来し、適度な傾斜地、十分な雨量、土壌など茶の栽培に適した地形をもつ。西湖のほとりでは唐代から茶樹が栽培されていたが、龍井茶の味は明代以降、中国全土に知られるようになった。清明節の直前につむ龍井の一番茶は清朝皇帝や毛沢東などにも愛され、色、香り、味、かたちといった指標で中国最高品質の緑茶にたたえられる。龍井村でとれた茶葉を龍井村南東の虎跑泉にわく水で飲むことが最高の贅沢とされる。

【MEMO】

中国最上
衣食住
秀麗杭州

CHINA
浙江省

杭州は江南風雅を代表する都
衣・食・住すべてで洗練され
中国文化へあたえた影響ははかり知れない

杭州料理と茶

江南の風土で育まれた杭州料理はあっさりとした味つけで日本人の口にもあう。西湖でとれた白身魚の甘酢あんかけ「西湖醋魚」、蝦と龍井茶芽を使った甘酸っぱい「龍井蝦仁」、文人蘇東坡が杭州の人びとにふるまったという角煮「東坡肉」など名物料理は多い。またこの杭州料理にあわせて出されるのが、杭州名物の緑茶龍井茶で、透明のグラスに茶葉を入れてお湯をそそぎ、黄緑に染まっていく様子をふくめて、見た目、香り、味を楽しむ（茶は雲南あたりを原産地として、唐代、中国全土に広がった。世界中で飲まれているお茶は中国

中国最上衣食住秀麗杭州

茶をルーツとする)。中国茶には緑茶、紅茶、烏龍茶というように茶葉の発酵度の異なる種類があり、杭州西湖の龍井茶は緑茶の最高峰とされる。

杭州で育った中国文化

保俶塔、雷峰塔、六和塔といった杭州の仏塔は、呉越国（907〜978年）時代に建てられた。この時代、仏教による鎮護国家が目指され、仏塔に安置した大量の仏典を印刷するなかで、杭州の出版文化が飛躍的に向上した。続く南宋時代は都がおかれたことで、『仏教経典』『四書五経』のほか、科挙に必要

CHINA
浙江省

な教材といった営利目的の出版事業も盛んになった。また浙江省は1世紀ごろから陶磁器の最先進地だったが、宋代には杭州で白磁器や青磁器、黒釉磁などが焼かれ、南宋官窯で焼かれたものは中国史を通じて最高品質の誉れ高い。南宋、元、明清時代と、西湖を題材にした優れた詩や物語、山水画が生み出され、「(杭州に都をおいた) 南宋以後、中国文化の中心は江南に遷った」と言われる。

杭州と名の由来

「杭州(ハァンチョウ)」は日本語で同じ発音となる「広州(グァ

▲左 「中国茶の最高峰」龍井茶は皇帝たちにも愛された。　▲右　杭州料理の老舗「楼外楼」

ンチョウ)」と区別して「杭（くい）の杭州」と言われることがある。杭州の地名となった「杭」はもともとは「航（四角い方舟）」のことで、銭塘江の渡河と結びついている。古く、夏の禹王が会稽に足を運ぶにあたって、ここで「杭（航）」を捨てて陸にのぼり、「禹杭」と名づけたとも、秦の始皇帝が杭州近くで渡河したことに由来するとも言われる（「航州」から「杭州」に変わった）。当時の杭州は、湿地帯が広がり、西の霊隠寺近くにあったが、5世紀に現在の場所に街がつくられ、隋代から「杭州」という名前が使われるようになった。

Guide,
Hang Zhou Jiu Cheng
杭州旧城
城市案内

「世界第一の豪華・富裕な都市」
マルコ・ポーロがそうたたえた杭州
西湖と銭塘江のあいだで育まれた都

西湖天地 西湖天地
xī hú tiān dì シイフウティエンディイ ［★☆☆］

西湖天地は、21世紀になって新たに開発されたショップやカフェがならぶエリア。西湖東側のこのあたりは南宋時代の「御花園（皇帝の庭園）」や西湖十景のひとつ「柳浪聞鶯」で知られた場所で、江南の伝統的な建築や石づくりの近代建築が利用されている。

【地図】杭州旧城

【地図】杭州旧城の [★★★]
- ☐ 河坊街（清河坊）河坊街ハァファンジエ
- ☐ 西湖 西湖シイフウ

【地図】杭州旧城の [★★☆]
- ☐ 鳳凰寺 凤凰寺フェンフゥアンスウ

【地図】杭州旧城の [★☆☆]
- ☐ 西湖天地 西湖天地シイフウティエンディイ
- ☐ 延安路 延安路イエンアンルウ
- ☐ 京杭大運河 京杭大运河ジンハァンダアユンハァ

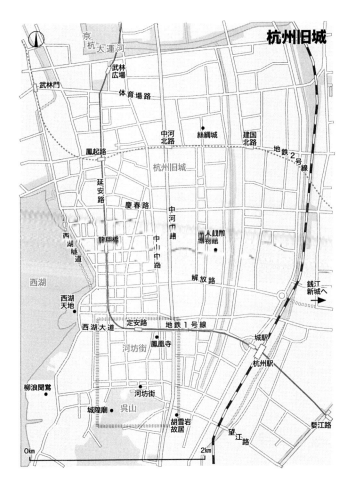

杭州旧城城市案内

【地図】河坊街

【地図】河坊街の [★★★]
- [ ] 河坊街（清河坊）河坊街ハァファンジエ

【地図】河坊街の [★★☆]
- [ ] 鳳凰寺 凤凰寺 フェンフゥアンスウ

【地図】河坊街の [★☆☆]
- [ ] 呉山広場 [西湖新十景] 吴山广场 ウシャングゥアンチャァン
- [ ] 南宋御街 南宋御街 ナンソォンユゥジエ
- [ ] 延安路 延安路 イエンアンルウ

河坊街

Hangzhou 杭州旧城城市案内

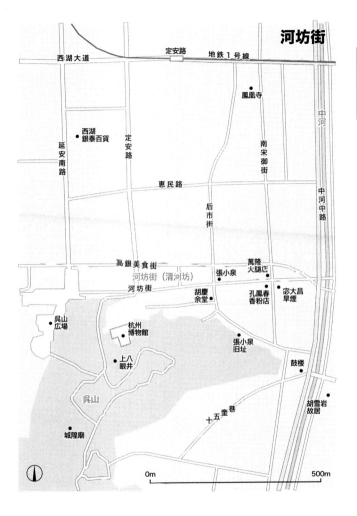

CHINA
浙江省

呉山広場 [西湖新十景] 吴山广场
wú shān guǎng chǎng ウウシャングゥアンチャァン [★☆☆]
杭州市街の南側にそびえる丘陵呉山。頂上には杭州の守り神である城隍廟が立ち、その北麓に呉山広場が広がる。西湖新十景「呉山天風(呉山に吹く天からの風)」の碑が立ち、ここから北に延安路が伸びるなど、街歩きの起点となる。

河坊街(清河坊) 河坊街 Hé fāng jiē ハァファンジエ [★★★]
河坊街は杭州旧城でもっともにぎわう通りで、南宋時代から知られた繁華街だった。現在は歩行街として整備され、レス

▲左 すっかり整備された南宋御街、地中に南宋時代の御街が埋もれている。
▲右 河坊街のにぎわい、夜遅くまで続く

トラン、土産物店などが集まり、通りの北側に並行して高銀美食街が走る。漢方薬の胡慶余堂（1874年創業）、はさみ店の張小泉（1663年創業）といった明清時代にさかのぼる老舗も店を構える。

南宋御街 南宋御街 nán sòng yù jiē ナンソォンユゥジエ［★☆☆］
杭州旧城の中心を南北に走る南宋御街は、南宋（1127〜1279年）時代に整備され、以来、この街の中心になってきた。かつて茶楼や妓楼でにぎわった通りの両脇には、現在も店舗がずらりとならび、中山路と名前を変えて北へ続いている（南

浙江省

宋御街南端の鳳凰山東麓に南宋の宮廷があった)。

鳳凰寺 凤凰寺 fèng huáng sì フェンフゥアンスウ ［★★☆］
鳳凰寺は、杭州に暮らす回族などが訪れるイスラム礼拝堂モスク。唐代（618〜907年）に創建されたのち、元代（1314〜20年）に回回太師の阿老丁（アラディン）によって重修された。南宋時代、イスラム教徒は海上交易をにない、続く元代は統治者（色目人）となったことから、かつて多くのイスラム教徒が杭州に暮らした。中国を代表するモスクのひとつにあげられる。

▲左　唐代のイスラム教徒たちは蕃坊と呼ばれる街区に集住した、鳳凰寺にて。　▲右　延安路界隈には大型商店がならび立つ

延安路 延安路 yánān lù イエンアンルウ ［★☆☆］

延安路は杭州旧城を南北に走る杭州の目抜き通り。西湖銀泰百貨、解百新元華、解百百貨といった大型店舗がならび、近くにはエンターテイメント現代劇「西湖之夜」、ナイトマーケット「呉山夜市」なども開かれる。また延安路北端の武林広場も杭州を代表する商業地区となっている。

CHINA
浙江省

京杭大運河 京杭大运河
jīng háng dà yùn hé ジンハァンダアユンハァ ［★☆☆］

隋の煬帝によって610年によって開削された京杭大運河。杭州と北京を結ぶ全長は1794kmにもなり、この運河を使って豊かな江南の物資が華北へ運ばれた。美しいアーチを見せる拱宸橋、その東に立つ中国京杭大運河博物館、また大兜路歴史文化街区が位置する。京杭大運河は万里の長城とならんで中国の二大土木事業とされ、世界遺産にも指定されている。

【MEMO】

Guide,
Hang Zhou Jiao Qu
杭州郊外
城市案内

旧暦8月、大逆流を見せる銭塘江
それを鎮めるために建てられた六和塔
また開発区には巨大建築が林立する

六和塔 六和塔 liù hé tǎ リィウハァタア ［★★☆］

荒れる銭塘江を鎮める目的で、970年に建てられた六和塔。この塔を創建した呉越国の都は杭州にあり、西湖や銭塘江の治水を行なって、港を整備するなど杭州の礎が築かれた。六和塔は南宋の1153年に建てなおされ、高さ59.9mの七層（外側からは十三層に見える）の姿となった。銭塘江を往来する船にとって灯台の役割も果たした。

【地図】銭塘江

【地図】銭塘江の [★★★]
- ☐ 西湖 西湖シイフウ
- ☐ 河坊街(清河坊)河坊街ハァファンジエ

【地図】銭塘江の [★★☆]
- ☐ 六和塔 六和塔リィウハァタア
- ☐ 雷峰塔 [西湖十景] 雷峰塔レイフォンタア

【地図】銭塘江の [★☆☆]
- ☐ 銭塘江 钱塘江チィエンタンジィアン
- ☐ 南宋官窯博物館 南宋官窑博物馆 ナンソォングゥアンヤオボオウゥグゥアン
- ☐ 蘇堤 [西湖十景] 苏堤スウディイ
- ☐ 三潭印月 [西湖十景] 三潭印月サンタンインユエ

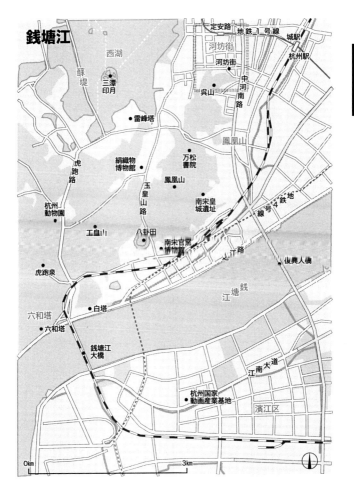

Hangzhou | 杭州郊外城市案内

CHINA
浙江省

钱塘江 钱塘江
qián táng jiāng チィエンタンジィアン [★☆☆]

钱塘江は全長605kmの中国を代表する大河で、旧暦8月に潮が逆流する「大海嘯」でも知られる（アマゾン河の「ポロロッカ」とならんで世界的に有名）。杭州の街は钱塘江の河口部にひらけ、この河の古名（浙江）が省全体の名前にもなっている。1937年に钱塘江大橋がかけられるなど、杭州は钱塘江の渡河地点となってきた。

▲左 旧暦8月、逆巻く大逆流を起こす銭塘江。 ▲右 高層ビルが立つ新しい杭州の銭江新区

南宋官窯博物館 南宋官窑博物馆 nán sòng guān yáo bówùguǎn
ナンソォングゥアンヤオボオウゥグゥアン ［★☆☆］

杭州旧城の南郊外に造営された南宋の官窯。宮廷御用達の陶磁器が焼かれたところで、官窯跡が南宋官窯博物館として整備された。傾斜をもつ長い登り窯「龍窯」も見られる。

宋城 宋城 sòng chéng ソォンチャン ［★☆☆］

杭州市街の南郊外に開園している大型テーマパークの宋城。南宋の都がおかれていた当時の杭州が再現され、宋河の両岸に広がる江南の民居、城楼などとともに、宋代の衣装や鎧姿の人び

浙江省

とが見え、また劇やアトラクションなども演じられている。

銭江新城 钱江新城
qián jiāng xīn chéng チィエンジィアンシンチャン[★☆☆]
銭江新城は杭州旧城の東側、鉄道駅を越えた銭塘江沿いにつくられた開発区で、21世紀に入って急速な発展を見せている。円形状に配置された複数の建物が上部でつながる市民中心、ど派手な金色の球体を見せる杭州国際会議中心、ガラスのカーテン・ウォールにおおわれた杭州大劇院など、公共施設、大型現代建築がならぶ杭州の新たな中心となっている。

【MEMO】

【地図】銭江新城の [★☆☆]

- [ ] 銭江新城 钱江新城 チィエンジィアンシンチャン
- [ ] 銭塘江 钱塘江 チィエンタンジィアン

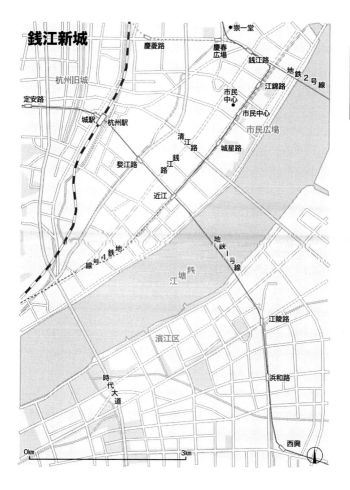

城市のうつりかわり

京杭大運河の南の起点にあたった杭州
呉越国や南宋の都がおかれ
江南を代表する街へいたる軌跡

古代（〜5世紀）

古く杭州は東海とつながっていて、天目山や銭塘江など土砂の堆積で陸地化し、西湖もやがて海と切り離された。春秋時代（紀元前8〜前5世紀）、この地は呉（蘇州）と越（紹興）の国境地帯となり、越が呉をほろぼしたのち、戦国時代には楚の領土になった。紀元前221年、中国全土を統一した始皇帝は、前210年に杭州を訪れたと言われ、そのときおかれた銭唐県は現在の飛来峰麓にあった（当時の杭州は湿地帯に過ぎず、人の住める環境ではなかった）。5世紀になって西湖と銭塘江のあいだに街が構えられるようになったが、西安、

CHINA
浙江省

洛陽、南京、北京、開封、安陽、鄭州、杭州の中国八大古都のなかで、杭州の歴史は比較的浅いことで知られる。

隋唐（6～10世紀）

江南の開発は六朝（220～589年）時代から進んでいて、隋の610年、江南の物資を華北へ運ぶ大運河が開削され、杭州はその南の起点となった。杭州という街名もこの時代に現れ、鳳凰山東麓に県治がおかれるなど、杭州の発展がはじまった。杭州では西湖と銭塘江の治水と真水の確保が何よりの課題となり、唐代の官吏李泌は、杭州市街に6つの井戸を掘って地

Hangzhou｜城市のうつりかわり

下水の確保につとめた（やがて西湖の水は淡水化した）。また唐代、官吏として赴任した白居易（772〜846年）が堤防を築き、西湖の風光明媚を詩に詠むなど、杭州西湖は中国全域に知られるようになった。唐代、杭州東の紹興が繁栄していたが、唐末に続く呉越国時代に杭州が浙江随一の都市へと台頭した。

CHINA
浙江省

呉越北宋（10 〜 12 世紀）

唐末、黄巣の乱（875 〜 884 年）のなかで塩商人銭鏐は節度使となり、907 年、杭州を都におく地方政権呉越国を樹立した。この時代、水路を整備して灌漑を進めるなど農業生産力があがり、杭州城をめぐる周囲 70km の城壁が築かれた。また仏教による鎮護国家が打ち出されたことから、杭州は「東南の仏国」と言われ、六和塔、保俶塔、雷峰塔が創建された。対外的には、盛んになる海上交易を受け、華北、朝鮮、日本と華南から東南アジアを結ぶ中継地となり、日本からの使節も往来している。こうした杭州の港湾都市としての性格は、続く

▲左 湖面に映える柳の小道、孤山にて。　▲右　南宋の杭州で定められた五山十刹の制度は日本にも伝わっている

北宋にも引き継がれ、広州、寧波とともに市舶司がおかれた（税務管理を行なう中国の対外窓口）。北宋時代、科挙に合格した文人による文治政治が一般的になり、蘇東坡（1036～1101年）が二度、杭州に赴任し、西湖を美女西施にたとえたり、蘇堤を築くなど、現在の杭州の性格が形成されていった。

CHINA
浙江省

南宋元（12〜14世紀）

南宋は、1127年、華北を異民族の金に占領された開封の北宋が南遷して、杭州に都をおいた王朝（金との抗戦を主張しながら殺害された岳飛は、国民的英雄とされ、西湖ほとりに岳王廟が残る）。米、塩、茶、絹といった江南の豊かな物資と経済力を背景とする南宋の繁栄は、北宋をしのぎ、書画や陶磁器などの宮廷文化、食や娯楽などの大衆文化ともに杭州で開花した。1279年、南宋はモンゴル族の元によって滅ぼされたが、北京の都に対して経済、文化の中心は引き続き、杭州にあり、イスラム教徒の色目人が統治にあたった（この

Hangzhou 城市のうつりかわり

時代に再建されたモスクの鳳凰寺が残る)。当時、世界最大の人口150万人とも言われた杭州を、マルコ・ポーロは「世界第一の豪華・富裕な都市」とたたえている。元代、杭州城壁は修築されていなかったが、元末の乱世のなかで張士誠が1359年、城壁を東側に拡張し、13の門をおくなど明清時代に続く街が形成された。

CHINA
浙江省

明清（14～20世紀）

明代以降、商業流通網の整備が進み、杭州は浙江の首府としての繁栄を続けた。この時代の杭州について「大地は豊かで、人が集まり、数百万の家がある（万暦年間）」「東南第一の都市である（嘉靖年間）」という記録が残っている（一方で倭寇の侵入に苦しめられ、杭州に民兵軍団がおかれた）。1645年、清が新たな杭州の支配者となると、現在の湖濱地区に城郭が構えられ、少数の満州族が多数の漢族を支配するという構造になった。中国最高の文化水準をほこった杭州では科挙合格者がたえず、江南の文化や食を愛でるため、清朝皇帝が

▲左　はるか彼方の北京まで続く京杭大運河。　▲右　杭州は中国文化に多大な影響をあたえてきた

南巡に訪れ、杭州西湖を全体設計のモデルとして北京で頤和園が造営された。また明清時代を通じて、『白蛇伝』『西湖佳話』『西湖拾遺』といった杭州を舞台とした文芸作品が人気をはくしている。アヘン戦争（1840〜42年）以後、西欧列強が進出するなか、太平天国の乱（1851〜64年）によって杭州は占領され、やがて杭州の繁栄は上海に受け継がれることになった。

CHINA
浙江省

現代（20世紀～）

20世紀初頭の杭州では、異民族の満州族による支配、封建制の打破などをかかげた革命派が活躍するようになっていた。魯迅や秋瑾といった浙江人がその代表格で、1912年、辛亥革命が起こり、中華民国が成立した。1937年、日中戦争が勃発すると、杭州は日本に占領され、杭州飯店に日本の杭州憲兵隊本部がおかれていた（また杭州旧城の城壁が撤去され、運河が埋め立てられるなど、街の様子は20世紀初頭からなかごろに大きく変わった）。1949年の中華人民共和国成立後、杭州は浙江省の省都となり、「中国屈指の景勝地」

Hangzhou　城市のうつりかわり

西湖を擁する憧憬の地と見られている。20世紀後半から資本主義経済の要素を導入した改革開放が進むと、手ぜまになった杭州旧城の外に新市街がつくられ、街は郊外へ拡大を続けている。現在、杭州には中国を代表するIT企業が集まり、中国有数の生活環境、杭州市民の幸福指数の高さが知られる。

参考文献

『西湖案内』(大室幹雄 / 岩波書店)

『世界遺産めぐり 浙江省杭州市 西湖を彩る文化的な景観』(劉世昭 / 人民中国)

『中国の歴史散歩 3』(山口修・鈴木啓造 / 山川出版社)

『蘇州・杭州物語』(村上哲見 / 集英社)

『岳飛と秦桧』(外山軍治 / 富山房)

『東方見聞録』(マルコ・ポーロ・愛宕松男訳注 / 平凡社)

『開封と杭州』(曽我部静雄 / 冨山房)

『世界大百科事典』(平凡社)

[PDF] 杭州地下鉄路線図 http://machigotopub.com/pdf/hangzhoumetro.pdf

[PDF] 杭州空港案内 http://machigotopub.com/pdf/hangzhouairport.pdf

まちごとパブリッシングの旅行ガイド
Machigoto INDIA , Machigoto ASIA , Machigoto CHINA

【北インド - まちごとインド】

001 はじめての北インド
002 はじめてのデリー
003 オールド・デリー
004 ニュー・デリー
005 南デリー
012 アーグラ
013 ファテープル・シークリー
014 バラナシ
015 サールナート
022 カージュラホ
032 アムリトサル

【西インド - まちごとインド】

001 はじめてのラジャスタン
002 ジャイプル
003 ジョードプル
004 ジャイサルメール
005 ウダイプル
006 アジメール（プシュカル）
007 ビカネール
008 シェカワティ
011 はじめてのマハラシュトラ
012 ムンバイ
013 プネー
014 アウランガバード
015 エローラ
016 アジャンタ
021 はじめてのグジャラート
022 アーメダバード
023 ヴァドダラー（チャンパネール）
024 ブジ（カッチ地方）

【東インド - まちごとインド】

002 コルカタ
012 ブッダガヤ

【南インド - まちごとインド】

001 はじめてのタミルナードゥ
002 チェンナイ
003 カーンチプラム
004 マハーバリプラム
005 タンジャヴール
006 クンバコナムとカーヴェリー・デルタ
007 ティルチラパッリ
008 マドゥライ
009 ラーメシュワラム
010 カニャークマリ
021 はじめてのケーララ
022 ティルヴァナンタプラム
023 バックウォーター（コッラム〜アラップーザ）
024 コーチ（コーチン）
025 トリシュール

【ネパール - まちごとアジア】

001 はじめてのカトマンズ
002 カトマンズ
003 スワヤンブナート

004 パタン
005 バクタプル
006 ポカラ
007 ルンビニ
008 チトワン国立公園

【バングラデシュ - まちごとアジア】

001 はじめてのバングラデシュ
002 ダッカ
003 バゲルハット（クルナ）
004 シュンドルボン
005 プティア
006 モハスタン（ボグラ）
007 パハルプール

【パキスタン - まちごとアジア】

002 フンザ
003 ギルギット（KKH）
004 ラホール
005 ハラッパ
006 ムルタン

【イラン - まちごとアジア】

001 はじめてのイラン
002 テヘラン
003 イスファハン
004 シーラーズ
005 ペルセポリス
006 パサルガダエ（ナグシェ・ロスタム）
007 ヤズド
008 チョガ・ザンビル（アフヴァーズ）
009 タブリーズ
010 アルダビール

【北京 - まちごとチャイナ】

001 はじめての北京
002 故宮（天安門広場）
003 胡同と旧皇城
004 天壇と旧崇文区
005 瑠璃廠と旧宣武区
006 王府井と市街東部
007 北京動物園と市街西部
008 頤和園と西山
009 盧溝橋と周口店
010 万里の長城と明十三陵

【天津 - まちごとチャイナ】

001 はじめての天津
002 天津市街
003 浜海新区と市街南部
004 薊県と清東陵

【上海 - まちごとチャイナ】

001 はじめての上海
002 浦東新区
003 外灘と南京東路
004 淮海路と市街西部
005 虹口と市街北部
006 上海郊外（龍華・七宝・松江・嘉定）
007 水郷地帯（朱家角・周荘・同里・甪直）

【河北省 - まちごとチャイナ】

001 はじめての河北省
002 石家荘
003 秦皇島
004 承徳
005 張家口
006 保定
007 邯鄲

【江蘇省 - まちごとチャイナ】

001 はじめての江蘇省
002 はじめての蘇州
003 蘇州旧城
004 蘇州郊外と開発区
005 無錫
006 揚州
007 鎮江
008 はじめての南京
009 南京旧城
010 南京紫金山と下関
011 雨花台と南京郊外・開発区
012 徐州

【浙江省 - まちごとチャイナ】

001 はじめての浙江省
002 はじめての杭州
003 西湖と山林杭州
004 杭州旧城と開発区
005 紹興
006 はじめての寧波
007 寧波旧城
008 寧波郊外と開発区
009 普陀山
010 天台山
011 温州

【福建省 - まちごとチャイナ】

001 はじめての福建省
002 はじめての福州
003 福州旧城
004 福州郊外と開発区
005 武夷山
006 泉州
007 厦門
008 客家土楼

【広東省 - まちごとチャイナ】

001 はじめての広東省
002 はじめての広州
003 広州古城
004 天河と広州郊外
005 深圳（深セン）
006 東莞
007 開平（江門）
008 韶関
009 はじめての潮汕
010 潮州
011 汕頭

【遼寧省 - まちごとチャイナ】

001 はじめての遼寧省
002 はじめての大連
003 大連市街
004 旅順
005 金州新区

006 はじめての瀋陽
007 瀋陽故宮と旧市街
008 瀋陽駅と市街地
009 北陵と瀋陽郊外
010 撫順

【重慶 - まちごとチャイナ】

001 はじめての重慶
002 重慶市街
003 三峡下り（重慶〜宜昌）
004 大足

【香港 - まちごとチャイナ】

001 はじめての香港
002 中環と香港島北岸
003 上環と香港島南岸
004 尖沙咀と九龍市街
005 九龍城と九龍郊外
006 新界
007 ランタオ島と島嶼部

【マカオ - まちごとチャイナ】

001 はじめてのマカオ
002 セナド広場とマカオ中心部
003 媽閣廟とマカオ半島南部
004 東望洋山とマカオ半島北部
005 新口岸とタイパ・コロアン

【Juo-Mujin（電子書籍のみ）】

Juo-Mujin 香港縦横無尽
Juo-Mujin 北京縦横無尽
Juo-Mujin 上海縦横無尽

【自力旅游中国 Tabisuru CHINA】

001 バスに揺られて「自力で長城」
002 バスに揺られて「自力で石家荘」
003 バスに揺られて「自力で承徳」
004 船に揺られて「自力で普陀山」
005 バスに揺られて「自力で天台山」
006 バスに揺られて「自力で秦皇島」
007 バスに揺られて「自力で張家口」
008 バスに揺られて「自力で邯鄲」
009 バスに揺られて「自力で保定」
010 バスに揺られて「自力で清東陵」
011 バスに揺られて「自力で潮州」
012 バスに揺られて「自力で汕頭」
013 バスに揺られて「自力で温州」

【車輪はつばさ】
南インドのアイラヴァテシュワラ寺院には建築本体に車輪がついていて寺院に乗った神さまが人びとの想いを運ぶと言います。

・本書はオンデマンド印刷で作成されています。
・本書の内容に関するご意見、お問い合わせは、発行元の
　まちごとパブリッシング info@machigotopub.com までお願いします。

まちごとチャイナ
浙江省002はじめての杭州
〜美しき「西湖」のほとりへ [モノクロノートブック版]

2017年11月14日　発行

著　者	「アジア城市（まち）案内」制作委員会
発行者	赤松　耕次
発行所	まちごとパブリッシング株式会社
	〒181-0013　東京都三鷹市下連雀4-4-36
	URL http://www.machigotopub.com/
発売元	株式会社デジタルパブリッシングサービス
	〒162-0812　東京都新宿区西五軒町11-13
	清水ビル3F
印刷・製本	株式会社デジタルパブリッシングサービス
	URL http://www.d-pub.co.jp/

MP136

ISBN978-4-86143-270-5 C0326　　　Printed in Japan
本書の無断複製複写（コピー）は、著作権法上での例外を除き、禁じられています。